# Señor, enséñanos a orar

*La Grandeza de la Escuela de la Oración de Cristo*

*por*

***Andrew Murray***

Publicado originalmente en inglés bajo el título:
*Lord, teach us to pray* by Andrew Murray
Publicado por Henry Altemus, Philadelphia, 1896.
Esta obra es de Dominio Público.

Traducida al español, corregida, anotada y ampliada
Por J. L. Flores
Primera Edición, Enero 2021


*Edición revisada y corregida el 6 de marzo de 2022*



A menos que se indique lo contrario, las citas bíblicas contenidas en este libro son tomadas de la Versión Reina-Valera 1909 (Dominio Público) corregidas y puestas al día por el traductor según lo mejor de la crítica textual conservadora contemporánea.

Para oración, comentarios o inquietudes bíblicas, escribanos a:

ministeriotorrentesdevida@gmail.com

https://www.facebook.com/ministeriotorrentesdevida

**Estudio Bíblico versículo a versículo en YouTube:**

https://www.youtube.com/ministeriotorrentesdevida

# CONTENIDO

# Otros libros de Andrew Murray que puedes adquirir en Amazon

**El Espíritu de Cristo**

(454 páginas)

La obra cumbre de Andrew Murray, obra inédita, traducida por primera vez al español de forma íntegra. *El Espíritu de Cristo* es, por así decirlo, una Pneumatología del Nuevo Testamento, desde la perspectiva de la piedad o de la vida espiritual, para la experiencia diaria del creyente. En ella, Murray nos conduce de una manera magistral y profunda, desde los Evangelios hasta las Epístolas, recorriendo de manera devocional y concatenada cada uno de los pasajes más sobresalientes del Nuevo Testamento en torno al Espíritu Santo, y Su experiencia y disfrute por parte de cada uno de los santos. Murray nos sumerge en la *pneumatología de la vida* del apóstol Juan, y en la *pneumatología del poder* de Lucas; para luego conducirnos al vasto mar de la *pneumatología espiritual* del apóstol Pablo. La *vida* es para el crecimiento interior, el *poder* es para la obra exterior y la *espiritualidad* es para la edificación del Cuerpo de Cristo. Todos los aspectos de la vida cristiana en armonía con el Espíritu, son abordados de una forma práctica en este libro, de una manera sencilla pero profunda a la vez, para que todo hijo de Dios pueda vivir y andar por el Espíritu (Gálatas 5:25). Esta edición en español, cuenta con más de 200 notas explicativas, abundantes referencias cruzadas, las debidas conclusiones al final de sus 31 capítulos, y las extensas notas explicativas de Murray, a modo de apéndices, que forman parte de la edición en inglés; pero que es raro encontrar en las ediciones en ese idioma, o en algunos otros.

**El Lugar Santísimo: Una Exposición de la Epístola a los Hebreos**

(Edición en dos volúmenes)

**Volumen 1:** 417 páginas

**Volumen 2:** 481 páginas

*El Lugar Santísimo*, es considerado el segundo mejor libro escrito por Andrew Murray, luego del *Espíritu de Cristo*. Esta edición en español es completamente íntegra; inédita desde esa perspectiva, ya que en 2004 se publicó una edición concisa; que más bien puede considerarse como una paráfrasis abreviada del mismo, más que una traducción como tal. Este libro es un extraordinario comentario versículo a versículo, frase por frase, de la Epístola a los Hebreos. Considerado uno de los mejores comentarios evangélicos jamás escritos sobre esta importante epístola neotestamentaria. Está constituido por 130 capítulos devocionales, con una serie de conclusiones al final de cada uno de ellos; por si fuera poco, esta edición en español cuenta con más de 400 notas explicativas a lo largo de sus dos volúmenes; y, además, se han incorporado todas las referencias bíblicas a las que Murray alude, de forma directa e indirecta; agregando así mismo, otras, que refuerzan el punto de la verdad bíblica que Murray trata de enfatizar. Ciertamente que estamos ante una joya de la literatura evangelica, que no debes dejar de leer. *El Lugar Santísimo* fue una fuente de inspiración para muchos de los grandes líderes espirituales del siglo XX, como: Watchman Nee (1903-1972), Theodore Austin-Sparks (1888-1971), Arthur W. Pink (1886-1952), A. W. Tozer (1897-1963), entre muchos otros. John MacArthur comenta lo siguiente sobre dicho comentario: "No he leído un comentario expositivo de la Epístola a los Hebreos, más fascinantemente profundo en contenido, que *El Lugar Santísimo* de Andrew Murray".

# Prólogo del traductor

Desde que se publicó este libro en 1896, innumerables lectores han aprendido a través de sus páginas, que nadie puede enseñar mejor acerca de la oración, que el propio Jesucristo, que vive hoy dentro de nosotros por medio del Espíritu de verdad. Este clásico imperecedero transformará sus oraciones y su vida, cuando abra su corazón a las lecciones de oración que Jesús dio.

*"El Padre espera escuchar toda oración de fe. Quiere darnos todo lo que pidamos en el nombre de Jesús. Si hay algo que creo que la Iglesia necesita aprender, es que Dios pretende que la oración tenga respuesta, y que aún no hemos concebido del todo lo que Dios hará por nosotros, sí creemos que nuestras oraciones serán escuchadas. Dios escucha la oración"* — Andrew Murray

*"La oración es la obra más elevada y santa a la que el hombre puede llegar. Es la comunión con el Invisible* (Hebreos 11:27) *y el Santísimo* (Isaías 6:3; Apocalipsis 4:8). *En ella los poderes del mundo eterno han sido puestos a nuestra disposición. Es la esencia misma de la verdadera religión, el canal de todas las bendiciones, el secreto del poder y de la vida"* — Andrew Murray

Además de todos los tesoros clásicos que este libro contiene, esta versión en español que el lector hoy tiene en sus manos, es única en su tipo, y se diferencia de algunas otras, por ser íntegra a la versión original en inglés; y por contener, además, notas explicativas, exegético-teológicas, que conservan el mismo sabor espiritual con el que Murray escribió. Asimismo, en esta versión se han agregado cada una de las referencias bíblicas a las cuales Murray alude de memoria, sin dar mayores detalles; por si fuera poco, se han añadido además otras referencias cruzadas relacionadas con cada uno de los tópicos; para fortalecer bíblicamente aún más, las verdades expuestas por este gran hombre de Dios que fue Andrew Murray.

Andrew Murray (1828—1917) fue un escritor, profesor y pastor cristiano sudafricano. Murray consideraba que las misiones eran "el principal fin de la iglesia". Murray era el segundo hijo del señor Andrew Murray padre (1794—1866), un misionero de la Iglesia Reformada Holandesa enviado desde Escocia a Sudáfrica.

Murray hijo, nació en Graaff Reinet, Sudáfrica. Su madre, Maria Susanna Stegmann, era de ascendencia hugonote francesa y luterana alemana.

Murray fue enviado a Aberdeen, en Escocia, para su educación inicial, junto con su hermano mayor, John. Ambos permanecieron allí hasta que obtuvieron sus títulos de maestría en 1845.

Desde allí, ambos fueron a la Universidad de Utrecht, donde estudiaron teología. Los dos hermanos se convirtieron en miembros de *Het Réveil*, un movimiento de renacimiento religioso opuesto al racionalismo, que estaba en boga en los Países Bajos en aquella época.

Ambos hermanos fueron ordenados por el Comité de La Haya, de la Iglesia Reformada Holandesa, el 9 de mayo de 1848, y regresaron a ciudad del Cabo, Sudáfrica.

En Sudáfrica, Murray desempeño un ministerio sumamente prolífico, tanto en la enseñanza como en el establecimiento de localidades; así como, desde la prespectiva de su obra literaria: profunda, espiritual y práctica.

Sus libros se caracterizaron por centrarse en la oración, la santidad y el poder del Espíritu Santo.

Murray partió hacia la patria celestial, pocos meses antes de cumplir los 89 años, el 18 de enero de 1917.

Sin más preámbulo, esperamos que esta versión en español de este maravilloso libro, sea de gran bendición para el lector, que busca a su Señor por medio de la oración ferviente.

**J. L. Flores**

30 de enero de 2021

# Capítulo 1: Señor, enséñanos a orar o el único Maestro

*"Aconteció que estaba Jesús orando en un lugar, y cuando terminó, uno de Sus discípulos le dijo: Señor, enséñanos a orar, como también Juan enseñó a sus discípulos"*

(Lucas 11:1).

Los discípulos habían estado con Cristo y lo habían visto orar. Habían aprendido a entender algo de la conexión existente entre Su maravillosa vida pública y Su vida secreta de oración. Habían aprendido a creer en Él como el Maestro en el arte de la oración; nadie podía orar como Él.

Así que acudieron a Él con la petición: "*Señor, enséñanos a orar*" (Lucas 11:1). Y en años posteriores, nos habrían dicho que hubo pocas cosas más maravillosas o benditas que Él les enseñó, como Sus lecciones sobre la oración.

Y ahora, mientras ora en un lugar determinado (Lucas 11:1), los discípulos que lo ven así ocupado, sienten la necesidad de repetir la misma petición: "*Señor, enséñanos a orar*".

A medida que crecemos en la vida cristiana, el pensamiento y la fe del amado Maestro en Su intercesión inagotable (Romanos 8:34; Hebreos 7:25), se hacen cada vez más preciosos, y la esperanza de ser como Cristo en Su intercesión, adquiere un atractivo antes desconocido (1 Juan 3:2). Y al verlo orar, y al recordar que no hay nadie que pueda orar como Él, y que nadie que pueda enseñar como Él; sentimos que la petición de los discípulos: "*Señor, enséñanos a orar*", es justo lo que necesitamos.

Y cuando pensamos en todo lo que Él *es* y *tiene*, en cómo Él mismo es nuestro (Colosenses 2:10; 3:11), en cómo Él mismo es nuestra vida (Juan 14:6; Colosenses 3:4); nos sentimos seguros de que sólo tenemos que pedir, y Él estará encantado de llevarnos a una comunión más estrecha con Él mismo, y de enseñarnos a orar como Él ora.

Venid, hermanos míos. ¿No iremos acaso al bendito Maestro y le pediremos que inscriba también nuestros nombres en esa escuela que siempre tiene abierta, para aquellos que anhelan continuar sus estudios en el arte divino de la oración y de la intercesión? ¡Sí!, digamos hoy mismo al Maestro, como lo hacían los discípulos antiguamente: *"Señor, enséñanos a orar"*. Al meditar, encontraremos que cada palabra de la petición que traemos, está llena de significado.

*"Señor, enséñanos a orar"*. ¡Sí, a orar! Esto es lo que necesitamos que nos enseñe. Aunque en sus comienzos la oración es tan simple, que hasta el niño más débil puede orar; es al mismo tiempo la obra más elevada y santa, a la que el hombre puede llegar. Es la comunión con el Invisible (Colosenses 1:15; 1 Timoteo 1:17; Hebreos 11:27) y con el Santísimo (Isaías 6:3; Apocalipsis 4:8).

En ella, los poderes del mundo eterno han sido puestos a nuestra disposición. Es la esencia misma de la verdadera religión, el canal de todas las bendiciones, el secreto del poder y de la vida.

No sólo para nosotros, sino para los demás, para la Iglesia, para el mundo; es a la oración a la que Dios ha dado el derecho de asirse a Él y a Su fuerza (Mateo 9:20; 14:36; Marcos 6:56; Lucas 8:44; Marcos 5:30; Lucas 8:46).

Es en la oración donde las promesas esperan su cumplimiento, el reino su llegada (Mateo 6:10) y la gloria de Dios su plena revelación. Y para esta bendita obra, qué perezosos e incapaces somos (cf. Romanos 12:11; Hebreos 6:12).

Sólo el Espíritu de Dios puede capacitarnos para realizarla correctamente. Cuán rápidamente somos engañados al caer en el descanso de la formalidad, mientras que el poder es insuficiente. Nuestra formación temprana, la enseñanza de la Iglesia, la influencia del hábito, la agitación de las emociones; con qué facilidad nos llevan a una oración que no tiene poder espiritual y que sirve de poco.

Pero la verdadera oración, la que se aferra a la fuerza de Dios, la que es muy útil, a la que se le abren realmente las puertas del cielo, es escazas; y por ello, quién no clamaría entonces diciendo: "¿Oh, que alguien me enseñe a orar así?".

Jesús ha abierto una escuela, en la que entrena a Sus redimidos, aquellos que lo desean de forma especial, para tener poder en la oración. ¿No entraremos en ella con la petición: 'Señor, que se nos enseñe precisamente esto, enséñanos a orar'?

*"Señor, enséñanos a orar"*. ¡Sí!, a nosotros, Señor. Hemos leído en Tu Palabra, con qué poder solía orar Tu pueblo creyente de antaño (Hechos 4:31), y qué poderosas maravillas se hacían en respuesta a sus oraciones (Hechos 2:43; 15:12). Y si esto ocurría bajo el Antiguo Pacto, en el tiempo de preparación, cuánto más no darás ahora, en estos días de cumplimiento. Da a Tu pueblo esta señal segura de Tu Presencia en medio de ellos (cf. Éxodo 25:8; 29:46).

Hemos oído las promesas dadas a Tus apóstoles, sobre el poder de la oración en Tu Nombre, y hemos visto cuán gloriosamente experimentaron su verdad; sabemos con certeza que pueden ser verdad para nosotros también. Oímos continuamente, incluso en estos días, las gloriosas muestras de Tu poder, que sigues dando a los que confían plenamente en Ti.

Señor, todos ellos son hombres con pasiones similares a las nuestras (Santiago 5:17); enséñanos a orar también así. Las promesas son para nosotros (Hechos 2:39; 1 Juan

2:25), los poderes y dones del mundo celestial son para nosotros (Hebreos 6:5). Enséñanos a orar para que podamos recibir en abundancia (cf. Juan 10:10; Romanos 5:17; 1 Timoteo 6:17; Hebreos 6:14).

A nosotros también nos has confiado Tu obra, de nuestra oración también depende la llegada de Tu reino, en nuestra oración también puedes glorificar Tu Nombre (Juan 12:28; 14:13; 2 Tesalonicenses 1:12); "*Señor, enséñanos a orar*". ¡Sí!, nosotros, Señor, nos ofrecemos como aprendices; queremos ser enseñados por Ti. "*Señor, enséñanos a orar*".

"*Señor, enséñanos a orar*". ¡Sí!, ahora sentimos la necesidad de ser enseñados a orar. Al principio no hay obra que parezca tan sencilla; después, ninguna que sea más difícil; y la confesión nos resulta forzada; no sabemos orar como deberíamos (Romanos 8:26).

Es cierto que tenemos la Palabra de Dios, con sus promesas claras y seguras; pero el pecado ha entenebrecido tanto nuestra mente (Efesios 4:18), que no siempre sabemos cómo aplicar la Palabra. En las cosas espirituales no siempre buscamos las cosas más necesarias (Mateo 6:33), o *no oramos según la ley del*

*Santuario*[1]. En las cosas temporales somos aún menos capaces de aprovechar, la maravillosa libertad que nuestro Padre nos ha dado para pedir lo que necesitamos.

---

[1] *Orar según la ley del Santuario*, se refiere al hecho de no ofrecer fuego extraño delante de Dios (Levítico 10:1; Números 3:4; 26:61). Los sacerdotes antiguotestamentarios, debían tomar fuego del altar de bronce en sus incensarios, el fuego que Jehová había enviado del cielo para encenderlo de una vez y para siempre, y que los sacerdotes debían mantener encendido perpetuamente (Levítico 9:23-24; 1 Crónicas 21:26; 2 Crónicas 7:1, 3; Levítico 6:13); y luego, llevarlo al altar del incienso detrás del velo, para ofrecerlo delante de Dios, que hablaba desde el propiciatorio (Hebreos 9:4; Levíticos 16:12; Éxodo 25:22). Según la tipología antiguotestamentaria, ***el altar*** representaba la Cruz, en la que el Hijo, como Cordero de Dios (Juan 1:29), fue juzgado por Dios al llevar sobre Sí nuestros pecados (Gálatas 3:13; 1 Pedro 2:24); ***el fuego*** era un símbolo del Espíritu (Hechos 2:2-4) que nos fue dado del cielo una vez y para siempre, como nuestra posesión interior en la regeneración (1 Pedro 1:12; Romanos 5:5; Gálatas 4:6); ***el incensario***, al igual que la lámpara de Jehová (Proverbios 20:27), representa a nuestro espíritu humano, como el depósito del Espíritu (Romanos 8:16); y ***el incienso***, representa las oraciones en el espíritu con el Espíritu, ofrecidas por los santos (Apocalipsis 5:8). De ese hecho, en el Nuevo Testamento encontramos que Dios nos llama a ser fervientes (gr. *zeontes*: hirvientes o calientes) en espíritu al servirle (Romanos 12:11); por lo tanto, todos los creyentes como ***real sacerdocio*** que somos (1 Pedro 2:9); al orar, debemos hacerlo en el espíritu con Su Espíritu (Efesios 6:18; Judas 20), a fin de ofrecer sacrificios espirituales agradables a Dios (1 Pedro 2:5) con el fuego del altar, del Espíritu que no debemos apagar nunca (1 Tesalonicenses 5:19 cf. Levíticos 6:13). Si al ofrecer incienso [es decir, al orar] encendemos el incensario [nuestro espíritu] con el fuego de nuestra propia emoción, entusiasmo y vida natural; en lugar del fuego [del Espíritu] que proviene del altar [de nuestra experiencia de la Cruz de Cristo (Mateo 10:38; 16:24; Marcos 8:34; Lucas 9:23; 14:27; Gálatas 2:20)], estaremos entonces ofreciendo fuego extraño delante de Dios; y violaremos así, la ley del Santuario (Léase Números 18:1).

E incluso cuando sabemos lo que hay que pedir, cuánto se necesita todavía para que la oración sea aceptable. Debe ser para la gloria de Dios, en plena entrega a Su voluntad, con plena seguridad de fe, en el nombre de Jesús, y con una perseverancia que, si es necesario, se niega a ser negada[2].

Todo esto debe ser aprendido. Sólo puede aprenderse en la escuela con mucha oración, pues la práctica hace la perfección. En medio de la dolorosa conciencia de la ignorancia y de la indignidad, en la lucha entre la creencia y la duda, se aprende el arte celestial de la oración eficaz.

Porque, incluso cuando no lo recordamos, hay Uno, el Iniciador y Perfeccionador de la fe (Hebreos 12:2) y de la oración, que vela por nuestra oración, y que se ocupa de que en todos los que confían en Él; que para ellos, su educación en la escuela de la oración se lleve a cabo hasta la perfección.

Que el trasfondo profundo de toda nuestra oración, sea la capacidad de aprendizaje que proviene de un sentido

---

[2] Es decir, que debemos evitar a toda costa, negar nuestra acción de perseverar en la oración.

de ignorancia, y de la fe en Él como el Maestro Perfecto; y podemos estar seguros, de que seremos enseñados, aprenderemos a orar con poder. ¡Sí!, podemos estar seguros de que Él enseña a orar.

*"Señor, enséñanos a orar"*. Nadie puede enseñar como Jesús, nadie más que Jesús lo puede hacer; por eso lo invocamos: *"Señor, enséñanos a orar"*.

Un alumno necesita un maestro que conozca su obra, que tenga el don de enseñar, que con paciencia y con amor descienda a las necesidades del alumno. ¡Bendito sea Dios! Jesús es todo esto y mucho más (Mateo 19:16; Marcos 9:5; 10:17; Lucas 18:18). Él sabe lo que es la oración.

Es Jesús, orando Él mismo, quien enseña a orar. Él sabe lo que es la oración. Lo aprendió en medio de las pruebas y de las lágrimas de Su vida terrenal (Lucas 22:44; Hebreos 5:7).

En el cielo sigue siendo Su obra amada (Romanos 8:34; Hebreos 4:14; 7:25); Su vida allí es la oración. Nada le complace más que encontrar a aquellos, a los que puede llevar con Él a la Presencia del Padre (Juan 14:6), a los que puede revestir de poder (Lucas 24:49) para que recojan la bendición de Dios sobre los que les rodean (cf. Mateo 9:37; Lucas 10:2), a los que puede entrenar para que sean Sus colaboradores en la intercesión, por la que se ha de revelar Su reino en la tierra (Mateo 6:10; Lucas 11:2).

Él sabe cómo enseñar. Ahora por la urgencia de la necesidad que nos aqueja, luego por la confianza que inspira el gozo. Aquí por la enseñanza de la Palabra, allí por el testimonio de otro creyente, que sabe lo que es que la oración sea escuchada.

Por Su Espíritu Santo, Él tiene acceso a nuestro corazón (Romanos 5:5), y nos enseña a orar mostrándonos el pecado que obstaculiza la oración (1 Pedro 3:7), o dándonos la seguridad de que agradamos a Dios (Hebreos 11:5; 13:21; 1 Juan 3:22). Él enseña, dando no sólo pensamientos de qué pedir o de cómo pedir; sino respirando dentro de nosotros Su mismo espíritu de oración (Romanos 8:26), viviendo dentro de nosotros como el Gran Intercesor.

Podemos decir con gran gozo: "¿Quién enseña cómo Él?". Jesús nunca enseñó a Sus discípulos a predicar, sólo a orar. No habló mucho de lo que se necesitaba para predicar bien, pero sí habló mucho acerca de orar bien. Saber hablar con Dios, es más que saber hablar con los hombres. No es el poder con los hombres, sino el poder con Dios, lo que se requiere. A Jesús le encanta enseñarnos a orar.

¿Qué os parece, mis queridos condiscípulos? ¿No sería justo lo que necesitamos, pedirle al Maestro que durante un mes nos dé un curso de lecciones especiales sobre el arte de la oración? Mientras meditamos en las palabras que Él pronunció en la tierra, sometámonos a Su enseñanza con la más plena confianza de que, con tal Maestro, haremos extraordinarios progresos.

Dediquemos tiempo no sólo a meditar, sino a orar, a permanecer a los pies del trono (Hebreos 4:16), y a capacitarnos para la labor de intercesión.

Hagámoslo con la seguridad de que, en medio de nuestros tartamudeos y temores, Él está llevando a cabo Su obra de la manera más hermosa. Él infundirá Su propia vida, que es toda oración, en nosotros. Al hacernos participantes de Su justicia y de Su vida, lo hará también con Su intercesión.

Como miembros de Su Cuerpo (Efesios 5:30), como un sacerdocio santo (1 Pedro 2:5), tomaremos parte en Su obra sacerdotal de súplica y de prevalencia ante Dios por los hombres (Hebreos 2:17; 3:1; 4:14-15; 5:1, 5, 10; 6:20; 7:26; 8:1, 3; 9:7, 11, 25; 13:11). ¡Sí!, digamos con mucho gozo, aunque seamos ignorantes y débiles: *"Señor, enséñanos a orar"*.

*"Señor, enséñanos a orar"*.

Bendito Señor, que siempre vives para orar, Tú puedes enseñarme a mí también a orar, a vivir siempre para orar. En esto quieres hacerme partícipe de Tu gloria en el cielo, para que ore sin cesar, y esté siempre como un sacerdote en la Presencia de mi Dios.

¡Señor Jesús! Te pido hoy, que inscribas mi nombre entre los que confiesan que no saben orar como deberían, y especialmente te pido, un curso de aprendizaje en la oración. Señor, enséñame a permanecer Contigo en la escuela, y dame el tiempo para formarme. Que un profundo sentido de mi ignorancia, del maravilloso privilegio y del poder de la oración, de la necesidad del Espíritu Santo como Espíritu de oración, me lleve a desechar mis pensamientos de lo que creo que sé, y me haga arrodillarme ante Ti con verdadera capacidad de aprendizaje y de pobreza de espíritu (Mateo 5:3).

Y lléname, Señor, con la confianza de que, con un Maestro como Tú, aprenderé a orar. En la seguridad de que tengo como Maestro a Jesús, que siempre está orando al Padre, y que por Su oración rige los destinos de Su Iglesia y del mundo; por causa de Él, no tendré temor. Todo lo que necesite saber de los misterios del mundo de la oración, Tú me los revelarás. Y cuando no sepa, me enseñarás a ser fuerte en la fe, dando gloria a Dios.

¡Bendito Señor! No avergonzarás a Tu alumno, que confía en Ti, ¡Sí!, por Tu gracia lo harás. ¡Amén!

# Capítulo 2: En Espíritu y en verdad o los verdaderos adoradores

*"Más la hora viene, y ahora es, cuando los verdaderos adoradores adorarán al Padre en espíritu y en verdad; porque también el Padre tales adoradores busca que le adoren. Dios es Espíritu; y los que le adoran, en espíritu y en verdad es necesario que adoren"* (Juan 4:23-24).

Estas palabras de Jesús a la mujer samaritana, son Su primera enseñanza registrada sobre el tema de la oración. Nos da los primeros y maravillosos atisbos del mundo de la oración. El Padre busca adoradores; nuestra adoración satisface Su amoroso corazón y es un gozo para Él. Él busca verdaderos adoradores, pero encuentra muchos que no son como Él quiere.

La verdadera adoración es la que se realiza en espíritu y en verdad. El Hijo ha venido a abrir el camino para esta adoración en espíritu y en verdad, y a enseñárnosla. Por eso, una de nuestras primeras lecciones en la escuela de la oración, debe ser comprender qué es orar en espíritu y en verdad, y saber cómo podemos alcanzarlo.

A la mujer samaritana nuestro Señor le habló de una triple forma de adoración o de culto. Existía primero, la adoración ignorante de los samaritanos: "*Vosotros adoráis lo que no sabéis*" (Juan 4:22a). Luego, en segundo lugar, estaba el culto inteligente de los judíos, que tenían el verdadero conocimiento de Dios: "*nosotros adoramos lo que sabemos; porque la salvación viene de los judíos*" (Juan 4:22b). Y luego, el nuevo culto, la adoración espiritual que Él mismo ha venido a introducir: "*Más la hora viene, y ahora es, cuando los verdaderos adoradores adorarán al Padre en espíritu y en verdad*" (Juan 4:23).

De esta conexión es evidente que las palabras "*en espíritu y en verdad*", no significan, como a menudo se piensa: con seriedad, de corazón, o con sinceridad. Los samaritanos tenían los cinco libros de Moisés, el Pentateuco, y algún conocimiento de Dios; sin duda había más de uno entre ellos, que buscaba a Dios honesta y fervientemente en la oración.

Los judíos tenían la verdadera revelación completa de Dios en Su Palabra (Véase Romanos 3:1-2), tal como ha sido dada hasta ahora; había entre ellos hombres piadosos, que invocaban a Dios con todo su corazón. Pero no "*en espíritu y en verdad*", en el pleno sentido de las palabras. Jesús dice: "*Más la hora viene, y ahora es*";

sólo en Él y a través de Él, el culto a Dios será *en espíritu y en verdad.*

Entre los cristianos todavía se encuentran estas tres clases de adoradores. Algunos que, en su ignorancia, apenas saben lo que piden; oran fervientemente; y, sin embargo, reciben poco. Hay otros, que tienen un conocimiento más correcto, que tratan de orar con toda su mente y su corazón, y a menudo oran muy fervientemente; y, sin embargo, no alcanzan la plena bendición de la adoración *en espíritu y en verdad.*

Es a esta tercera clase, a la que debemos pedirle a nuestro Señor Jesús que nos lleve; debemos ser enseñados por Él a adorar *en espíritu y en verdad.* Sólo esto es adoración espiritual; esto nos hace adoradores como el Padre busca. En la oración todo dependerá, de que entendamos bien y de que practiquemos la adoración *en espíritu y en verdad.*

*"Dios es Espíritu; y los que le adoran, en espíritu y en verdad es necesario que adoren"* (Juan 4:24). El primer pensamiento que sugiere aquí el Maestro, es que debe haber armonía entre Dios y Sus adoradores; tal como es

Dios[3], debe ser Su adoración. Esto es según un principio que prevalece en todo el universo; buscamos la correspondencia entre un objeto y el órgano al que se revela o se entrega.

El ojo tiene una aptitud interna para la luz, el oído para el sonido. El hombre que quiera adorar verdaderamente a Dios, que quiera encontrar, conocer, poseer y disfrutar a Dios, debe estar en armonía con Él, debe tener una capacidad para recibirlo. Porque *Dios es Espíritu*, debemos adorar *en espíritu*. Como Dios es, así debe ser Su adorador.

¿Y qué significa esto? La mujer había preguntado a nuestro Señor, si el verdadero lugar de culto era Samaria o Jerusalén, el Monte Gerizim[4] o el Monte Sión. Él le

---

[3] Es decir, en cuanto a Su naturaleza.

[4] Una montaña de piedra caliza, de 2,855 pies de altura (unos 800 pies sobre el valle al borde de sus laderas), en Efraín, cerca de Siquem (Sicar), desde donde se leyeron las bendiciones a los israelitas al entrar en Canaán. Según las tradiciones de los samaritanos, fue aquí donde Abraham sacrificó a Isaac, donde Melquisedec se reunió con el patriarca, donde Jacob construyó un altar, y en su base cavó un pozo, cuyas ruinas aún se ven. Algunos eruditos piensan que hay motivos para la primera creencia; pero observadores más cuidadosos de la localidad, lo desacreditan y creen que Moriah es el lugar del sacrificio de Isaac. Gerizim era el lugar del templo samaritano, que se construyó allí después del cautiverio, en rivalidad con el Templo de Jerusalén. Gerizim sigue siendo para los samaritanos lo que Jerusalén es para los judíos, y La Meca para los mahometanos.

responde que, en adelante, la adoración ya no se limitará a un lugar determinado: "*Mujer, créeme, que la hora viene cuando ni en este monte ni en Jerusalén adoraréis al Padre*" (Juan 4:21).

Como *Dios es Espíritu,* no está limitado por el tiempo o el espacio, sino que, en Su infinita perfección, es siempre y en todas partes Él mismo (Éxodo 3:14; Malaquías 3:6); así Su adoración, ya no estará confinada por el espacio o la forma, sino que sería de naturaleza espiritual, como Dios mismo es un Ser espiritual. Esta, es una lección de profunda importancia.

Cuánto sufre nuestro cristianismo por estar confinado a ciertos lugares y tiempos. Un hombre que procura orar fervorosamente en la iglesia o en su habitación, pasa la mayor parte de la semana o del día, con un espíritu totalmente distinto del que debería tener en oración. Su adoración es la obra de un lugar o de una hora fija, no de todo su ser (1 Tesalonicenses 5:23).

Dios es un espíritu; Él es el Eterno (Génesis 21:33) e Inmutable (Malaquías 3:6); lo que Él es, lo es siempre y en verdad. Nuestra adoración debe ser también *en espíritu y en verdad*. Su adoración debe ser el espíritu de nuestra vida; nuestra vida debe ser una adoración en espíritu[5], como *Dios es Espíritu.*

*"Dios es Espíritu; y los que le adoran, en espíritu y en verdad es necesario que adoren"*. El segundo pensamiento que nos viene, es que esta adoración en el espíritu, debe venir de Dios mismo. Dios es Espíritu. Sólo Él tiene Espíritu para dar. Para ello envió a Su Hijo, para capacitarnos para ese culto espiritual, dándonos el Espíritu Santo (Juan 20:22).

Es de Su propia obra, de lo que habla Jesús cuando dice dos veces: *"la hora viene"* (Juan 4:21, 23; cf. 16:25, 32), y luego añade: *"y ahora es"* (Juan 4:23; cf. 5:25). Él vino a bautizar con el Espíritu Santo (Juan 1:33); *el Espíritu no podía venir hasta que Él fuera glorificado*[6] (Juan 7:37-38; 16:7). Fue cuando puso fin al pecado (Hebreos 1:3), y al entrar en el Lugar Santísimo con Su sangre (Hebreos 9:12), que hubo recibido allí en nuestro favor, el Espíritu Santo (Hechos 2:33); fue así, que pudo enviarlo a nosotros como el Espíritu del Padre (Juan 16:7; 15:26).

---

[5] Aquí se trata de orar en nuestro espíritu humano, como en Efesios 6:18.

[6] Sobre la profundidad y la trascendencia de esta expresión utilizada por Murray, y basada en Juan 7:37-39, véase el libro de Andrew Murray: *El Espíritu de Cristo.* De venta exclusivamente en Amazon.

Fue cuando Cristo nos redimió, y nosotros *en Él* recibimos la posición de hijos, que el Padre envió el Espíritu de Su Hijo a nuestros corazones para que clamáramos: "*¡Abba, Padre!*" (Romanos 8:15; Gálatas 4:6). La adoración *en espíritu*, es la adoración del Padre en el Espíritu de Cristo, el Espíritu de filiación[7].

Esta es la razón por la que Jesús utiliza aquí el nombre del *Padre*. Nunca encontramos que uno de los santos del Antiguo Testamento, se apropie personalmente del nombre del Hijo, o llame a Dios su Padre. La adoración al Padre, sólo es posible para aquellos a quienes se les ha dado el Espíritu del Hijo (Romanos 5:5).

La adoración *en espíritu*, sólo es posible para aquellos a quienes el Hijo ha revelado al Padre (Mateo 11:27; Lucas 10:22), y que han recibido el espíritu de filiación (Romanos 8:15). Sólo Cristo abre el camino (Hebreos 10:20) y enseña la adoración *en espíritu*.

---

[7] Es importante notar, que Murray no utiliza el término "adopción"; sino "filiación". Esto debido a que la adopción no comporta ningún lazo de vida entre el hijo y el padre; mientras que la filiación sí. Murray entendía esto; y, que, por tanto, esta palabra era la mejor traducción del griego *huiothesias*.

*"Y en verdad"*. Esto no significa solamente: con sinceridad. Tampoco significa solamente: de acuerdo con la verdad de la Palabra de Dios. La expresión tiene un significado más profundo y divino.

Jesús es *"el unigénito del Padre, lleno de gracia y de verdad"* (Juan 1:14). *"La ley por medio de Moisés fue dada, pero la gracia y la verdad vinieron por medio de Jesucristo"* (Juan 1:17). Jesús dijo: *"Yo soy el camino, y la verdad, y la vida"* (Juan 14:6).

En el Antiguo Testamento todo era sombra y promesa; Jesús trajo y dio la realidad, la sustancia, de las cosas esperadas (Colosenses 2:17; Hebreos 11:1). En Él, las bendiciones y los poderes de la vida eterna, son nuestra posesión y experiencia reales.

Jesús está *"lleno de gracia y de verdad"*; el Espíritu Santo es el Espíritu de verdad (Juan 14:17; 15:26; 16:13); por medio de Él, la gracia (Gálatas 5:4) y *la verdad que están en Jesús* (Efesios 4:21) son realmente nuestras; y es que la verdad es una comunicación positiva de la vida divina (Juan 1:4; 10:10). Y así, la adoración *en espíritu*[8], es la adoración en

---

[8] Puesto que la verdad está en Jesús (Efesios 4:21), y Él mismo es la verdad (Juan 14:6) que nos es impartida por el Espíritu de Verdad (Juan 14:17), el

verdad; una comunión viva, real con Dios; una correspondencia y armonía reales entre el Padre, que es un Espíritu, y el Hijo que ora en el Espíritu[9].

Lo que Jesús le dijo a la mujer samaritana, ella no lo pudo entender de inmediato. Fue necesario Pentecostés para que se revelar su pleno significado[10]. Apenas estamos preparándonos en nuestra primera entrada en la escuela de la oración, para captar tal enseñanza. Más adelante la entenderemos mejor. Pero por el momento, comencemos sólo con esto, y tomemos la lección únicamente, como Él la da.

Somos carnales y no podemos dar a Dios la adoración que busca. Pero Jesús vino a dar el Espíritu. Él nos lo ha dado. Que la disposición en la que nos pongamos a orar,

---

Espíritu de Cristo (Romanos 8:9; 1 Pedro 1:11), que ha venido a morar (Romanos 8:9,11; 1 Corintios 3:16; 2 Timoteo 1:14) en nuestro espíritu (Romanos 8:16); por tal hecho, la adoración llevada a cabo en nuestro espíritu con el Espíritu, es verdaderamente una adoración en verdad.

[9] Se trata aquí, hablando teológicamente, de la *interpenetración* existente entre las tres hipóstasis de la Trinidad Divina (Véase Juan 17:23, 26; 16:14-15). Para mayores detalles, véase el libro de Andrew Murray: *El Espíritu de Cristo.* De venta exclusivamente en Amazon.

[10] Para Murray, la morada del Espíritu en el creyente ocurrió el día de Pentecostés; sin embargo, bíblicamente hablando, la morada *interior* del Espíritu, fue recibida por los discípulos en Juan 20:22; mientras que, en Pentecostés, lo que recibieron fue la investidura de poder *exterior* (Lucas 24:49).

sea la que las palabras de Cristo nos han enseñado. Que sea la confesión profunda de nuestra incapacidad para dar a Dios la adoración que le agrada; la capacidad del aprendizaje infantil, que espera que Él nos instruya; la fe sencilla que se somete al soplo del Espíritu (Juan 20:22).

Sobre todo, retengamos la bendita verdad, — descubriremos que el Señor tiene más que decirnos al respecto — de que el conocimiento de la paternidad de Dios, la revelación de Su infinita paternidad en nuestros corazones, la fe en el amor infinito que nos da a Su Hijo y a Su Espíritu para hacernos hijos (Véase Romanos 8:14), es en verdad el secreto de la oración *en espíritu y en verdad.*

Este es el camino nuevo y vivo que Cristo nos abrió (Hebreos 10:20). Tener a Cristo el Hijo, y al Espíritu del Hijo, habitando en nosotros, y revelándonos al Padre, esto nos hace verdaderos adoradores espirituales.

*"Señor, enséñanos a orar".*

¡Bendito Señor! Adoro el amor con el que enseñaste a aquella mujer samaritana, que Te había negado un vaso de agua (cf. Mateo 10:42; Marcos 9:41), mostrándole lo que debe ser la adoración a Dios. Me regocijo en la seguridad, de que no instruirás menos ahora a tu discípulo, que viene a Ti con un corazón que anhela orar *en espíritu y en verdad*. ¡Oh, mi Santo Maestro!, enséñame este bendito secreto.

Enséñame que la adoración *en espíritu y en verdad*, no es del hombre; sino que sólo viene de Ti; que no es sólo una cosa de tiempos y de épocas, sino la impartición de una vida en Ti. Enséñame a acercarme a Dios en la oración, bajo la profunda impresión de mi ignorancia, y de no tener nada en mí para ofrecerle, y al mismo tiempo, de la provisión que Tú, mi Salvador, haces para que el Espíritu respire en mis balbuceos infantiles (Romanos 8:26).

Te bendigo porque en Ti soy un niño, y tengo la libertad de acceso de un niño; porque en Ti tengo el *espíritu de filiación* y de la adoración en verdad. Enséñame, sobre todo, Hijo bendito del Padre; cómo es la revelación del Padre (Véase Mateo 16:17), la que da confianza en la oración; y que la infinita paternidad del corazón de Dios, sea mi gozo y mi fuerza para una vida de oración y de adoración. ¡Amén!

# Capítulo 3: Ora a tu Padre que está en lo secreto o a solas con Dios

*"Más tú, cuando ores, entra en tu aposento, y cerrada la puerta, ora a tu Padre que está en secreto; y tu Padre que ve en lo secreto te recompensará en público"* (Mateo 6:6).

Después de que Jesús llamara a Sus primeros discípulos, les dio su primera enseñanza pública en el Sermón del Monte (Mateo 5—7). Allí les expuso el reino de Dios, sus leyes y su vida. En ese reino, Dios no sólo es Rey, sino el Padre; no sólo *lo da todo,* sino que es Él mismo *el todo* (1 Corintios 15:28; Colosenses 3:11).

Sólo en el conocimiento y en la comunión con Él, se encuentra Su bendición. De ahí que la revelación de la oración y de la vida de oración, fuera una parte de Su enseñanza sobre el Nuevo Reino que vino a establecer (Juan 18:36). Moisés no dio ninguna orden ni regulación con respecto a la oración; incluso los profetas dicen poco directamente sobre el deber de la oración; es Cristo, quien enseña a orar.

Y lo primero que el Señor enseña a Sus discípulos, es que deben tener un lugar secreto para la oración; cada uno debe tener algún lugar solitario, donde pueda estar a solas con su Dios. Todo maestro debe tener un salón de clases. Hemos aprendido a conocer y a aceptar a Jesús, como nuestro único Maestro en la escuela de la oración.

Ya nos ha enseñado en Samaria, que la adoración ya no se limita a tiempos y a lugares; que la adoración, la verdadera adoración espiritual, es una cosa del espíritu y de la vida (Juan 6:63; Romanos 8:2, 6; Gálatas 6:8); el hombre completo debe ser en toda su vida, adoración *en espíritu y en verdad* (Juan 4:23-24).

Y, sin embargo, Él quiere que cada uno elija para sí mismo, el lugar fijo donde él puede encontrarse diariamente con Él. Esa cámara interior, ese lugar solitario, es el salón de clases de Jesús. Ese lugar puede estar en cualquier parte; ese lugar puede cambiar cada día, si tuviésemos que cambiar de domicilio; pero ese lugar secreto[11] debe estar, junto con el tiempo de quietud en el que el alumno se coloca ante la Presencia del Maestro, para estar junto a Él, preparado para adorar al

[11] La versión King James en inglés, lee el Salmo 91:1, como: "El que habita en el *lugar secreto* del Altísimo, morará a la sombra del Omnipotente".

Padre. Sólo allí; pero cientamente allí, con toda certeza, Jesús viene a nosotros para enseñarnos a orar.

Un maestro siempre se preocupa de que su salón de clases sea luminoso y atractivo, lleno de la luz y del aire del cielo, un lugar al que sus alumnos anhelen acudir, y en el cual les guste quedarse. En Sus primeras palabras sobre la oración en el Sermón del Monte, Jesús trata de poner ante nosotros la *cámara interior*[12] en su luz más atractiva. Si escuchamos con atención, pronto notaremos qué es lo principal que tiene que decirnos, de nuestra estancia allí.

Tres veces usa el nombre del Padre: *"Ora a tu Padre"* (Mateo 6:6); *"Y tu Padre que ve en lo secreto te recompensará"* (Mateo 6:6); *"porque vuestro Padre sabe de qué cosas tenéis necesidad"* (Mateo 6:8).

Lo primero, en cuanto a la oración en el lugar secreto, es: "que debo encontrarme con mi Padre". La luz que brilla en el *lugar secreto* debe ser: la luz del rostro del Padre (Véase Salmos 4:6; 44:3; 89:15; 90:8). El aire fresco del

---

[12] Murray está empleando esta expresión, en referencia a una traducción en inglés de 1 Reyes 6:29-30; donde *cámara interior*, hace referencia al *Lugar Santísimo* en el Templo de Salomón.

cielo con el que Jesús ha llenado la atmósfera en la que he de respirar y de orar es: El amor paternal de Dios (1 Juan 2:15), la paternidad infinita de Dios (Hebreos 2:10).

Así, cada pensamiento o petición que exhalemos, será una confianza sencilla, cordial e infantil en el Padre. Así es como el Maestro nos enseña a orar. Nos lleva a la Presencia viva del Padre. Lo que oremos allí debe valer. Escuchemos atentamente lo que el Señor tiene que decirnos.

Primero: *"ora a tu Padre que está en secreto"*. Dios es un Dios que se oculta al ojo carnal (1 Timoteo 6:16). Mientras en nuestra adoración a Dios nos ocupemos principalmente de nuestros propios pensamientos y ejercicios, no nos encontraremos con Aquel que es un Espíritu, el que no se ve (Colosenses 1:15).

Pero al hombre que se retira de todo lo que es del mundo y del hombre, y se prepara para esperar sólo en Dios, el Padre se le revelará (Daniel 2:47). A medida que abandone y deje fuera al mundo y a la vida del mundo, y se entregue para ser conducido por Cristo al secreto de la Presencia de Dios (Salmos 31:20), la luz del amor del Padre se alzará sobre él.

El secreto de la cámara interior y de la puerta cerrada, la completa separación de todo lo que nos rodea, es una imagen *de*; y, por lo tanto, una ayuda *para*, ese santuario espiritual interior, el secreto del tabernáculo de Dios, detrás del velo, donde nuestro espíritu entra verdaderamente en contacto con el Dios Invisible (Véase Éxodo 25:22; Números 7:89; Hebreos 6:19; 9:3; 10:20).

Y así se nos enseña, al principio de nuestra búsqueda del secreto de la oración eficaz, a recordar que es en la cámara interior, donde estamos a solas con el Padre, donde aprenderemos a orar correctamente. *El Padre está en lo secreto*; con estas palabras Jesús nos enseña dónde nos espera, dónde se encuentra siempre.

Los cristianos se quejan a menudo de que la oración privada no es lo que debería ser. Se sienten débiles y pecadores, su corazón está frío y oscurecido; es como si tuvieran muy poco que orar; y en eso poco, no hay fe ni gozo. Se desaniman y se alejan de la oración, al pensar que no pueden acudir al Padre como deberían, o en la manera en que lo desearían.

Hijo de Dios, escucha a tu Maestro. Él te dice que cuando vayas a la oración privada, tu primer pensamiento debe ser: "El Padre está en secreto, el Padre me espera allí". Si tu corazón está frío y sin carga de oración, allégate a la Presencia del Padre amoroso. Que como un padre se apiada de sus hijos, así el Señor se apiadara de ti. No pienses en lo poco que tienes que aportar a Dios, sino en lo mucho que Él te quiere dar.

Colócate ante Su rostro y míralo (Isaías 45:22; 2 Corintios 3:18); piensa en Su amor, en Su maravilloso, tierno y compasivo amor. Sólo dile lo pecaminoso, frío y entenebrecido que estas; es el corazón amoroso del Padre el que le dará la luz y el calor al tuyo. Haz lo que dice Jesús: *"cerrada la puerta, ora a tu Padre que está en secreto"*. ¿No es maravilloso poder estar a solas con Dios, con el Dios infinito; y luego mirar hacia arriba, y decir: "¡Padre mío!"?

*"Y tu Padre que ve en lo secreto te recompensará en público"*. Aquí Jesús nos asegura que la oración secreta no puede ser infructuosa; Su bendición se manifestará en nuestra vida. No tenemos más que confiarle en secreto, a solas con Dios, nuestra vida ante los hombres; Él nos recompensará abiertamente; se encargará de que la

respuesta a la oración se manifieste en Su bendición sobre nosotros.

Nuestro Señor quiere enseñarnos, pues, que, así como la infinita Paternidad y Fidelidad, es en la que Dios nos encuentra *en lo secreto*; por nuestra parte, debe existir la sencillez infantil de la fe, de la confianza en que nuestra oración hace descender Su bendición. "*Porque es necesario que el que se acerca a Dios crea que le hay, y que es galardonador de los que le buscan*" (Hebreos 11:6).

La bendición del lugar secreto no depende del sentimiento fuerte o ferviente con el que oro, sino del amor y del poder del Padre a quien confío mis necesidades. Y, por tanto, el Maestro no tiene más que un deseo: "Recuerda que tu Padre está, ve y oye en lo secreto; ve allí y quédate allí, y vuelve a salir de allí con confianza; Él te recompensará. Confía en Él para ello; depende de Él; la oración al Padre no puede ser vana; Él te recompensará abiertamente".

Para confirmar aún más esta fe en el amor paternal de Dios, Cristo pronuncia una tercera palabra: "*Porque vuestro Padre sabe de qué cosas tenéis necesidad, antes que vosotros le pidáis*" (Mateo 6:8). A primera vista podría parecer que este pensamiento, hace menos necesaria la oración: Dios sabe mucho mejor que nosotros lo que necesitamos. Pero a medida que vayamos comprendiendo mejor lo que es la oración, esta verdad nos ayudará a fortalecer nuestra fe.

Nos enseñará que no necesitamos, como los gentiles, con la multitud y con la urgencia de nuestras palabras, obligar a un Dios poco dispuesto a escucharnos (Mateo 6:7, 32). Nos llevará a una santa reflexión y a un silencio en la oración, al sugerirnos la pregunta: "¿Sabe realmente mi Padre que necesito esto?". Cuando el Espíritu nos guie a la certeza de que nuestra petición es algo que, según la Palabra, necesitamos para la gloria de Dios, nos dará la maravillosa confianza de decir: "Mi Padre sabe que lo necesito y que lo debo tener".

Y si hay alguna demora en la respuesta, nos enseñará a aguardar con tranquila perseverancia, diciendo: "¡Padre! Tú sabes que lo necesito". ¡Oh!, esa es la bendita libertad y sencillez de un niño, que Cristo, nuestro Maestro, desearía cultivar en nosotros, cuando nos acercamos a Dios; miremos al Padre hasta que Su Espíritu lo haga[13] en nosotros.

[13] Es decir, hasta que el Espíritu realice nuestra petición en nuestra vida.

A veces, en nuestras oraciones, cuando corremos el peligro de estar tan ocupados con nuestras fervientes y urgentes peticiones, como para olvidar que el Padre conoce y oye lo que necesito; lo mejor que podemos hacer, es quedarnos quietos, y decir en silencio: "Mi Padre ve, mi Padre oye, mi Padre sabe"; esto ayudará a nuestra fe a aceptar la respuesta, y a decir: "*Y si sabemos que Él nos oye en cualquiera cosa que pidamos, sabemos que tenemos las peticiones que le hayamos hecho*" (1 Juan 5:15).

Y ahora, todos los que habéis entrado de nuevo en la escuela de Cristo para ser enseñados a orar, tomad estas lecciones, practicadlas y confiad en que Él, os perfeccionará en ellas. Permaneced mucho tiempo en la cámara interior, con la puerta cerrada, apartados de los hombres, encerraos con Dios; es allí donde el Padre os espera, es allí donde Jesús os enseñará a orar.

Estar a solas en lo secreto con el Padre; ésta será tu mayor alegría. Tendrás la certeza de que el Padre te recompensará abiertamente por la oración secreta, para que no puedas quedarte sin Su bendición; ésta será tu fuerza de cada día. Y saber que el Padre sabe que necesitas lo que pides, ésta será tu libertad para llevar toda necesidad, en la certeza de que tu Dios la suplirá: *"conforme a Sus riquezas en gloria en Cristo Jesús"* (Filipenses 4:19).

*"Señor, enséñanos a orar"*.

Bendito Salvador, de todo corazón te bendigo por haber designado la cámara interior, como la escuela donde te encuentras con cada uno de Tus alumnos a solas, y les revelas al Padre. ¡Oh, Señor mío!, fortalece mi fe en el tierno amor y en la bondad del Padre, para que cuando me sienta pecador o turbado, el primer pensamiento instintivo sea, ir a donde sé que el Padre me espera, y donde la oración nunca puede quedar sin bendición.

Que el pensamiento de que Él conoce mi necesidad antes de que yo le pida, me lleve, con gran tranquilidad de fe, a confiar en que Él dará lo que Su hijo requiere. Que el lugar de la oración secreta se convierta para mí en el lugar más querido de la tierra.

Y, Señor, escúchame cuando te pido que bendigas en todas partes, los lugares secretos de Tu pueblo creyente. Haz que Tu maravillosa revelación de la ternura de un

Padre, libere a todos los jóvenes cristianos de todo pensamiento en la oración secreta, como un deber o una carga, y los lleve a considerarla como el más alto privilegio de su vida, como un gozo y una bendición.

Haz que se vuelvan todos los que están desanimados, porque no encuentran nada que traerte en la oración. Hazles comprender que sólo tienen que acudir con su vacío a Aquel que lo tiene todo para dar, y que se complace en hacerlo. Que no se trata de lo que tienen que traer al Padre, sino de lo que el Padre espera darles, que ese sea su único pensamiento.

Y bendice especialmente la cámara interior de todos tus siervos que laboran para Ti, como el lugar donde se les revela la gracia y la verdad de Dios, donde son ungidos diariamente con aceite fresco, donde se renuevan sus fuerzas (Salmos 92:10; Isaías 40:31; 2 Corintios 4:16), y donde reciben las bendiciones de la fe, con las que han de bendecir a sus semejantes. Señor, acércanos a todos en el lugar secreto a Ti y al Padre. ¡Amén!

# Capítulo 4: Vosotros, pues, oraréis así o la oración modelo

*"Vosotros, pues, oraréis así: Padre nuestro que estás en los cielos, santificado sea Tu nombre. Venga Tu reino. Hágase Tu voluntad, como en el cielo, así también en la tierra. El pan nuestro de cada día, dánoslo hoy. Y perdónanos nuestras deudas, como también nosotros hemos perdonado a nuestros deudores. Y no nos metas en tentación, más líbranos del maligno; porque Tuyo es el reino, y el poder, y la gloria, por todos los siglos. Amén"* (Mateo 6:9-13).

Todo maestro conoce el poder del ejemplo. No sólo le dice al niño lo que debe de hacer y cómo hacerlo, sino que le muestra cómo puede hacerlo de manera práctica. Condescendiendo con nuestra debilidad, nuestro Maestro celestial nos ha dado las mismas palabras que hemos de llevar con nosotros al acercarnos a nuestro Padre. Tenemos en ellas una forma de oración en la que se respira la frescura y la plenitud de la vida eterna.

Es tan sencilla que el niño puede susurrarla, tan divinamente rica que comprende todo lo que Dios puede dar. Una forma de oración que se convierte en modelo y en inspiración de todas las demás oraciones; y, que, sin embargo, siempre nos devuelve a sí misma, como la expresión más profunda de nuestras almas ante nuestro Dios.

*"Padre nuestro que estás en los cielos"*. Para apreciar bien esta palabra de adoración, debo recordar que ninguno de los santos se atrevió en la Escritura[14], a dirigirse a Dios como su Padre. La invocación nos sitúa de inmediato en el centro de la maravillosa revelación que el Hijo vino a hacer de Su Padre como nuestro Padre también (Juan 20:17).

Comprende *el misterio de la redención*: Cristo nos libra de la maldición (Gálatas 3:13), para que seamos hijos de Dios (Romanos 8:16-17; 1 Juan 3:1). *El misterio de la regeneración*: el Espíritu en el nuevo nacimiento nos da la vida nueva (Juan 3:6-7; 1 Pedro 1:3; 2 Corintios 5:17). *Y el misterio de la fe* (1 Timoteo 3:9): cuando la redención ya se ha realizado o comprendido, la palabra se pone en boca de los discípulos, para prepararlos para la bendita experiencia que aún está por llegar.

[14] Es decir, nadie en el Antiguo Testamento.

Estas palabras[15], son la clave de toda la oración, y de toda oración. Se necesita tiempo, se necesita la vida para estudiarlas; se necesitará la eternidad para comprenderlas plenamente. El conocimiento del amor paternal de Dios es la primera y más sencilla; pero también la última y la más elevada lección en la escuela de la oración.

Es en la relación personal con el Dios vivo (Salmos 42:2; 84:2; Isaías 37:4; Jeremías 10:10; Hechos 14:15; 2 Corintios 3:3; 1 Tesalonicenses 1:9; 1 Timoteo 6:17; Hebreos 3:12; 9:14; 10:31; 12:22; Apocalipsis 7:2), y en la comunión personal y consciente del amor con Él, donde comienza la oración. Es en el conocimiento de la paternidad de Dios, revelada por el Espíritu Santo, donde el poder de la oración echará sus raíces y crecerá. Es en la infinita ternura, piedad y paciencia del Padre infinito, en Su amorosa disposición a escuchar y a ayudar, que la vida de oración tiene su gozo.

Tomémonos el tiempo necesario, hasta que el Espíritu haya hecho de estas palabras para nosotros: *espíritu y vida* (Juan 6:63), llenando el corazón y la vida: *"Padre nuestro que estás en los cielos"*. De esta manera estaremos

[15] Es decir, "Padre nuestro que estás en los cielos".

dentro del velo (Hebreos 10:19-20), en el lugar secreto del poder, donde la oración siempre prevalece.

"*Santificado sea Tu Nombre*". Aquí hay algo que nos llama la atención de inmediato. Mientras que ordinariamente llevamos primero nuestras propias necesidades a Dios en la oración; y luego, pensamos en lo que le pertenece a Dios y a Sus intereses, el Maestro invierte el orden. Primero, "Tu nombre", "Tu reino", "Tu voluntad"; y luego, "danos", "perdónanos", "guíanos" y "líbranos".

La lección es más importante de lo que pudiéramos imaginar. En la verdadera adoración, el Padre debe ser lo primero, debe serlo todo. Cuanto antes aprenda a olvidarme de mí mismo, en el deseo de que Él sea glorificado, más rica será la bendición que la oración me traerá. Nadie pierde nunca lo que sacrifica por el Padre (cf. Mateo 19:27-29; Marcos 10:28-30).

Esto debe influir en toda nuestra oración. Hay dos tipos de oración: *la personal* y *la de intercesión*. Esta última, suele ocupar la menor parte de nuestro tiempo y de nuestras fuerzas. Esto no debe ser así. Cristo ha abierto la escuela de la oración, especialmente para entrenar a los intercesores para la gran obra de hacer descender, mediante su fe y su oración, las bendiciones de Su obra y de Su amor sobre el mundo que nos rodea. No puede haber un crecimiento profundo en la oración, a menos que este sea nuestro objetivo.

El niño pequeño puede pedir al padre sólo lo que necesita para sí mismo; y, sin embargo, pronto aprenderá a decir: "Da me algo para mi hermana también". Pero el hijo adulto, que sólo vive para los intereses del padre, y que se hace cargo de los negocios del padre (cf. Lucas 2:49), pide más ampliamente, y obtiene todo lo que pide. Jesús quiere adiestrarnos para la bendita vida de consagración y de servicio, en la que nuestros intereses estén todos subordinados al Nombre, al Reino y a la Voluntad del Padre. Vivamos para esto, y dejemos que, a cada acto de adoración al Padre nuestro, le siga en el mismo aliento: "Tu nombre, Tu reino, Tu voluntad"; para esto vivimos y anhelamos.

*"Santificado sea Tu nombre"*. ¿Qué Nombre? Este nuevo nombre es el de Padre. La palabra "Santo", es la palabra central del Antiguo Testamento; el nombre "Padre", lo es la del Nuevo Testamento. Es en este nombre de amor, que se va a revelar ahora toda la santidad y la gloria de Dios. ¿Y cómo se va a santificar el Nombre? Por Dios

mismo: "*Y santificaré mi grande Nombre, profanado entre las naciones*" (Ezequiel 36:23).

Nuestra oración debe ser tal, que, en nosotros, es decir, en todos los hijos de Dios, en presencia del mundo; Dios mismo revele la santidad, el poder divino y la gloria oculta del nombre del Padre. El Espíritu del Padre (Mateo 10:20) es el Espíritu Santo (Juan 14:17); sólo cuando nos dejemos guiar por Él (Romanos 8:14; Gálatas 5:18), Su Nombre será santificado en nuestra oración y en nuestra vida. Aprendamos la oración: "*Padre nuestro, santificado sea Tu Nombre*".

"*Venga Tu reino*" (Mateo 6:10). El Padre es un Rey (Malaquías 1:14) y tiene un Reino (Éxodo 19:6; Daniel 2:44; 7;27; Apocalipsis 12:10). El hijo y heredero de un rey, no tiene mayor ambición que la gloria del reino de su padre. En tiempos de guerra o de peligro, esto se convierte en su pasión; no puede pensar en otra cosa.

Los hijos del Padre están aquí en el territorio del enemigo (cf. Juan 12:31; 14:30; 16:11); donde el Reino, que está en el cielo (Juan 18:36; Mateo 5:3), no se ha manifestado todavía plenamente. Qué más natural que, cuando los hijos aprenden a santificar el Nombre del

Padre, anhelen y clamen con profundo entusiasmo: *"Venga Tu reino"*.

La venida del Reino es el gran acontecimiento (Isaías 42:4) del que depende la revelación de la gloria del Padre, la bendición de Sus hijos (Mateo 25:34) y la salvación del mundo (Apocalipsis 21:24). La venida del Reino espera también de nuestras oraciones. ¿No nos uniremos al profundo grito anhelante de los redimidos (Apocalipsis 14:3-4): *"Venga Tu reino"*? Aprendamos esto, en la escuela de Jesús.

*"Hágase Tu voluntad, como en el cielo, así también en la tierra"* (Mateo 6:10; Lucas 11:2). Esta petición se aplica con demasiada frecuencia sólo al *sufrimiento* en la voluntad de Dios[16]. En el cielo se hace la voluntad de Dios, y el Maestro enseña al niño a pedir que se haga la voluntad en la tierra como en el cielo; con espíritu de sumisión en adoración y en pronta obediencia.

Porque la voluntad de Dios es la gloria del cielo, su cumplimiento es la bendición del cielo. A medida que se hace la voluntad, el reino de los cielos entra en el

---

[16] Es dicir, que es generalmente el creyente que sufre, el que tiene a exclamar: "¡Qué se haga Tu voluntad, Señor!".

corazón. Y allí donde la fe ha aceptado el amor del Padre, la obediencia acepta la voluntad del Padre. La entrega y la oración de una vida de obediencia celestial, es el espíritu de la oración infantil.

*"El pan nuestro de cada día, dánoslo hoy"* (Mateo 6:11). Cuando el hijo se ha entregado primero al Padre en el cuidado de Su nombre, Su reino y Su voluntad, tiene plena libertad para pedir el pan de cada día. Un amo se preocupa por la comida de su siervo, un general por la de sus soldados, un padre por la de su hijo. ¿Y no cuidará el Padre celestial del hijo que se ha entregado a Sus intereses en la oración? En efecto, podemos decir con plena confianza: "Padre, vivo para Tu honor y para Tu obra; sé que te preocupas por mí". La consagración a Dios y a Su voluntad da una maravillosa libertad en la oración por las cosas temporales; toda la vida terrenal se entrega al cuidado amoroso del Padre.

*"Y perdónanos nuestras deudas, como también nosotros perdonamos a nuestros deudores"* (Mateo 6:12). Como el pan es la primera necesidad del cuerpo; así el perdón, lo es para el alma. Y la provisión para el uno, es tan segura como la del otro. Somos hijos, pero también pecadores; nuestro derecho de acceso a la Presencia del Padre lo

debemos a la sangre preciosa (1 Pedro 1:19) y al perdón que nos ha comprado Cristo Jesús.

Guardémonos de que la oración de perdón se convierta en una simple formalidad; sólo se perdona realmente lo que se confiesa. Acojamos con fe el perdón prometido, como una realidad espiritual, como una transacción real entre Dios y nosotros, esto es la entrada a todo el amor del Padre y a todos los privilegios de los hijos.

Ese perdón, como experiencia viva, es imposible sin un espíritu de perdón hacia los demás; como el perdón de Dios expresa la relación que existe hacia el cielo, así el perdón hacia los demás, expresa la relación que existe hacia la tierra por parte del hijo de Dios. En cada oración al Padre, debo poder decir que no conozco a nadie, a quien no ame de todo corazón.

*"Y no nos metas en tentación, más líbranos del maligno"* (Mateo 6:13a). El pan de cada día, el perdón de nuestros pecados, y luego que seamos guardados de todo pecado y del poder del maligno, en estas tres peticiones está comprendida toda nuestra necesidad personal. La oración por el pan y el perdón, debe ir acompañada de la entrega para vivir en todas las cosas, en santa obediencia

a la voluntad del Padre; y de la oración de fe en todo, para ser guardados por el poder del Espíritu que mora en nosotros (Romanos 8:9, 11; 1 Corintios 3:16; 2 Timoteo 1:14), del poder del maligno.

Hijos de Dios, así es como Jesús quiere que oremos al Padre en el cielo. Dejemos que Su nombre, Su reino y Su voluntad, ocupen el primer lugar en nuestro amor; Su amor que provee, perdona y guarda, será nuestra porción segura. Así, la oración nos conducirá a la verdadera vida infantil; donde el Padre lo es todo para el hijo, como el Padre lo fue todo para Cristo el Hijo.

Comprenderemos cómo el Padre y el Hijo, el *Tuyo* y el *nuestro*, son una sola cosa (Juan 10:30), y cómo el corazón que comienza su oración con el *Tuyo* devoto a Dios, tendrá el poder en la fe de pronunciar también el *nuestro*. Tal oración será, en efecto, la comunión y el intercambio del amor, llevándonos siempre de vuelta en la confianza y en la adoración a Aquel que no sólo es el Principio, sino el Fin (Apocalipsis 1:8; 21:6; 22:13): "*porque Tuyo es el reino, y el poder, y la gloria, por todos los siglos. Amén*" (Mateo 6:13b). Hijo del Padre, enséñanos a orar: "*Padre nuestro*".

*"Señor, enséñanos a orar".*

Oh Tú, que eres el Hijo Unigénito (Juan 3:16; 1 Juan 4:9), enséñanos, te rogamos, a orar el *"Padre Nuestro"*. Te damos gracias, Señor, por estas benditas palabras vivas que nos has dado. Te damos gracias por los millones de personas que en ellas han aprendido a conocer y a adorar al Padre, y por lo que han sido para nosotros.

Señor, es como si necesitáramos días y semanas en Tu escuela, con cada una de estas peticiones; son tan profundas y completas. Pero te pedimos que nos conduzcas a lo más profundo de su significado; hazlo, te rogamos, por Tu Nombre; Tu nombre es el Hijo del Padre (Filipenses 2:9; 2 Juan 3).

Señor. Dijiste una vez: *"Nadie conoce al Hijo, sino el Padre, ni al Padre conoce alguno, sino el Hijo, y aquel a quien el Hijo lo quiera revelar"* (Mateo 11:27). Y en otra ocasión: *"Y les he dado a conocer Tu nombre, y lo daré a conocer aún, para que el amor con que me has amado, esté en ellos, y yo en ellos"* (Juan 17:26). Señor Jesús, revélanos al Padre. Deja que Su nombre, Su infinito amor de Padre; el amor con el que te amó, según Tu oración, esté en nosotros.

Entonces diremos correctamente: *"Padre nuestro"*. Entonces comprenderemos Tu enseñanza, y el primer aliento espontáneo de nuestro corazón será: *"Padre nuestro, Tu nombre, Tu reino* y *Tu voluntad"*. Y le llevaremos nuestras necesidades, nuestros pecados y nuestras tentaciones, con la confianza de que el amor de un Padre así, se ocupa de todo.

Bendito Señor, somos Tus alumnos, confiamos en Ti; enséñanos a orar: *"Padre nuestro"*. ¡Amén!

# FIN

Made in the USA
Las Vegas, NV
13 February 2023

67403067R00038